ESSAIS

POÉTIQUES,

PAR P. G.,

RECEVEUR A CHEVAL DES CONTRIBUTIONS INDIRECTES.

BAYONNE,

Imprimerie FORÉ ET LASSERRE, rue Orbe, 15.

—

1847.

ESSAIS

POÉTIQUES.

ESSAIS

POÉTIQUES,

PAR P. G.,

RECEVEUR A CHEVAL DES CONTRIBUTIONS INDIRECTES.

BAYONNE,

Imprimerie FORÉ ET LASSERRE, rue Orbe, 15.

—

1847.

A

MES CAMARADES.

———❦———

MES CHERS CAMARADES,

Quoique nous fassions partie vous et moi d'une adminis-
tration dans laquelle, comme les meules nourricières, nous
devons constamment et sans relâche broyer le grain alimen-
taire, le dieu qui jette son magique manteau sur les choses
de ce monde pour les faire oublier en élevant l'esprit jusqu'à
lui, peut secouer son flambeau sur nos fronts et nous don-
ner parfois de douces extases.

La vie positive pour nous a peu de charmes ; les meilleu-
res organisations doivent se lasser à la longue de ces travaux
continus qui sont un devoir de notre position. En se retrem-
pant au feu sacré des muses, on se sent plus fort, mieux
disposé ; on reprend avec plus d'ardeur les travaux de la
veille lorsqu'on s'est reposé près de la source d'où décou-
lent les agréables chimères, les menteuses illusions qui ber-
cent la vie.

J'ose vous dédier ces vers, enfants d'un cœur profondé-

ment blessé ; ils ont servi à tromper mes longues douleurs ;
ils ont calmé quelquefois d'amères souffrances. J'ai écrit
sans but, souvent pour donner le change aux sombres idées
qui m'assaillaient : ainsi vous trouverez un gai refrain
échappé de mon cœur lorsqu'il cherchait à chasser loin de
lui les douloureuses pensées qu'il nourrissait. Ainsi vit le
poète, enfant de la fatalité ; il cherche à se fuir lui-même
pour se réfugier dans un monde chimérique où il espère
trouver le calme et le repos. Mais qu'ai-je besoin, amis, de
vous initier à tous les tourments d'une vie qui s'est écoulée
au milieu de vous, et dont seul peut-être j'ai le secret !
Lisez ces vers : j'aurais pu mieux faire peut-être ; mais la
poésie est le fruit des doux loisirs, des heures tranquilles
et sereines, et à ce prix n'est pas poète qui veut.

A M. LE RÉDACTEUR

DU

Phare des Pyrénées.

————⋙⟨◈⟩⋘————

Monsieur,

Je prends la liberté de vous communiquer un morceau de poésie dont je suis l'auteur. Veuillez, je vous prie, Monsieur, en prendre lecture, et me dire ce que vous pensez de l'ARAIGNÉE DU MATIN.

J'avais déjà composé sur le même sujet une élégie que je m'étais empressé de soumettre à la critique de l'ancien rédacteur de la *Sentinelle des Pyrénées;* mais son opinion fut que, pour en faire un chant passable, il était indispensable d'y faire beaucoup de corrections, qu'il se donnait la peine de me dicter. Grande fut ma douleur. Quoi ! me disais-je, il me faudra refondre sept strophes de soixante-quatre syllabes chacune, proportionner de nouveau les élans de mon imagination méridionale au cercle étroit de l'art poétique, et soumettre ensuite chaque pensée, chaque mot, au froid examen de la critique et du bon goût ! J'étais désolé. Cependant, après quelques minutes d'hésitation, je suivis scrupuleusement les conseils qui m'avaient été donnés ; mais, après avoir torturé mon esprit pour. faire disparaître les défectuosités qui m'avaient été signalées, j'appris que mon Aristarque avait quitté la France. Son départ inattendu m'affligea vivement, car non-seulement je perdais un juge éclairé, mais encore un critique consciencieux.

Je voulus d'abord invoquer l'opinion de son successeur, jeune homme d'un haut mérite; mon amour-propre m'en détourna. Le souvenir de mon insuccès m'avait tout-à-coup tellement découragé, que je redoutais un nouveau mécompte. Je pris donc la ferme résolution de ne plus m'occuper de littérature, et fis un triste et dernier adieu à cette auréole de gloire vers laquelle mon âme, à moi pauvre rimeur, avait osé s'élancer. Aux douloureux accents de ma lire brisée par le désespoir, une larme brûlante s'échappa de mes yeux; je devins rêveur, mélancolique, et puis malheureux; oh! oui, malheureux, car j'avais perdu ma dernière illusion. Ah! Monsieur, la secousse du désenchantement est chose bien affreuse! mais, comme nous ne sommes pas organisés de manière à rester long-temps sous le poids de nos impressions, je finis par oublier ma chère ARAIGNÉE et le sentiment qui me l'avait inspirée.

Quelques jours me suffirent pour retrouver ma belle humeur et mon entière liberté d'esprit. Mon sommeil redevint calme, et mon appétit parfait. Je mangeais, je buvais, je dormais, comme un député conservateur. Rien ne pouvait désormais troubler la douce quiétude que je goûtais au sein d'une poésie de matérialisme, et le souvenir d'un passé plein d'émotions venait à peine effleurer mon âme.

J'étais dans ces heureuses dispositions de corps et d'esprit, lorsqu'un de mes compagnons d'enfance, qui se piquait d'être poète, m'écrivit pour me demander l'ARAIGNÉE DU MATIN. Assurément, il me fallut cette circonstance pour me rappeler que j'avais fait des vers. Après avoir fouillé dans ma correspondance, *où mes honorables créanciers occupaient une bonne place,* je retrouvai ma petite production. Je l'adressai immédiatement à mon ami, qui dut être charmé de mon empressement à lui procurer le plaisir d'exalter mes idées poétiques. Ma ponctualité me valut de sa part mille remercîments; que dis-je? il me combla de choses obligeantes, et termina sa longue lettre en me disant : « Si vous voulez « forger et marteler, je vous promets des palmes poétiques à cueil- « lir. » Ces paroles élogieuses ne purent me rendre la fièvre délirante qui avait dévoré une partie de mes beaux jours. Vainement l'amour-propre vint déployer toutes ses ressources, cette fois-ci du moins la raison lui résista. En un mot, je crus et je crois encore que mes vers ne valent pas grand'chose, pour ne pas dire rien. Me serais-je trompé? mon ami n'aurait-il fait qu'exagérer le faible mérite de mon élégie? Je serais heureux que vous voulussiez juger et prononcer.

Si vous remarquez quelque chose de bon dans ce chant élégiaque, je vous autorise à l'insérer dans votre journal; mais s'il en est autrement, oh! alors veuillez le déchirer, car, voyez-vous, je sens que, malgré la laideur de mes enfants, il me serait par trop affreux d'imiter la cruauté de Saturne.

Agréez, etc.

ESSAIS POÉTIQUES.

⸻

L'ARAIGNÉE DU MATIN,

DÉDIÉE A M. L...,

DIRECTEUR DES CONTRIBUTIONS INDIRECTES, A PAU.

> Mais si tu viens, interprète du sort,
> Ainsi qu'au temps de la Sybille antique,
> M'annoncer l'heure de·la mort,
> Je te bénis, ô feuille prophétique.
> (*La Famille mourante.*)
> LÉON FÉLIX, de Saintes.

TON aspect me trouble et me glace,
Que viens-tu faire près de moi?
De la douleur tu suis la trace,
Comme elle, tu répands l'effroi.

O toi qu'on appelle Araignée,
Triste confidente du sort,
Dans mes larmes d'amour baignée,
Viendrais-tu m'annoncer la mort?

Naguère, en mon humble demeure,
Tu ne paraissais que le soir;
Le malheureux qui souffre et pleure,
Quand vient la nuit, aime à te voir.
Ah! que de fois en ta présence
J'ai senti mon cœur s'attendrir,
Quand, aux rayons de l'espérance,
Tu présageais mon avenir!

Mais à présent, quand le jour brille,
Tu me révèles l'abandon
De mes amis, de ma famille;
Va, ma vengeance est le pardon.
Eloigne-toi, je t'en supplie;
Malgré leur poids, j'aime mes fers.
En vain dans l'urne de ma vie
Tombent la haine et les revers.

Cours au palais de l'opulence,
De l'orgueilleux puissant et vain,
Sourd à la voix de l'indigence
Qui lui demande un peu de pain;
Descends dans les âmes perfides
Qui font outrage à l'amitié;
Fais le tourment des cœurs arides
Nés sans amour et sans pitié.

Aux cœurs abjects que la fortune
Contre le droit rend toujours forts,
A ceux qui frappent l'infortune,
Porte le deuil et les remords;
Et sur le front du monstre impie
Qui foule aux pieds les lois de Dieu,
Grave les traits de l'infamie.
Va, que veux-tu? sors de ce lieu.

Mais non, attends!... poursuis... achève...
Déjà la mort glace mon cœur,
Mon œil s'éteint... adieu le rêve
Et d'avenir et de bonheur!
Il est donc vrai que tout succombe,
Et qu'il n'est pas de biens réels,
Que tout finit par une tombe
Où se confondent les mortels!

Si, dans sa course vigilante,
Le sort te porte dans les lieux
Qu'habite un ange au nom d'amante,
Ne trouble pas un songe heureux.
Laisse l'espoir à Gabrielle,
Car dans son cœur il est entré;
Cache-lui que je meurs pour elle,
Et qu'en expirant j'ai pleuré!....

L'ARAIGNÉE DU SOIR,

DÉDIÉE A Mme L. . .

> Si les enfers sont redoutables,
> C'est que tu n'y pénètres pas.
> (*Ode à l'Espérance.*) CHATEAUBRIAND.

JE te revois ! mon âme est attendrie,
Un ciel brillant d'azur, de pourpre et d'or,
Offre à mes yeux l'Espérance chérie ;
Plus de regrets, elle sourit encor.
Ah ! que sa main sur mon front se déploie
Pour effacer les rides du malheur !
Qu'en son regard je retrouve la joie,
Sœur du plaisir et fille du bonheur !

Dans le sentier d'une vie éphémère
Où chaque pas conduit l'homme aux revers,
J'ai bien souvent, accablé de misère,
Tourné les yeux vers un autre univers.
Je me disais, en inclinant la tête :
« Heureux qui dort d'un sommeil éternel ! »
Quand un beau soir, après une tempête,
Tu m'apparus comme un rayon du Ciel.

Mais tu ne fus qu'un mensonger présage,
Tu t'éloignas sans désarmer le sort :
Tel au marin, dans la nuit du naufrage,
L'éclair paraît sans lui montrer le port.

Sans doute alors, divine confidente,
Tu dirigeais tes pas silencieux
Vers la demeure où la douleur mourante
N'a pas d'amis pour lui fermer les yeux !

Peut-être aussi suspendais-tu ta course
Sur le grabat où sanglote la faim,
Où le malheur ignore la ressource
De mendier des habits et du pain.
Ta fuite, hélas ! me fut bien douloureuse ;
Je pressentis que les rêves heureux
Dont se berçait mon âme glorieuse
Allaient finir par un mécompte affreux !

Et quand mes pleurs révélèrent ma peine,
J'eus la douleur de voir de faux amis
Mêler leur voix à l'implacable haine
Dont m'abreuvaient mes puissants ennemis.
Puisse le Ciel, qu'outrage l'imposture,
Pour me venger, leur donner de longs jours ! . . .
La main du temps peut effacer l'injure ;
Le remords seul dure toujours, toujours ! ! !

Mais j'oubliais, reine de ma pensée,
Que je te dois le terme de mes maux ;
Que l'amitié, dans mon âme blessée,
A ramené le calme et le repos.
Ah ! puisses-tu, sur l'aile du zéphire,
Venir encor, dans un jour enchanté,
Faire vibrer les cordes de ma lyre
Aux chants si purs de la félicité !

Adieu, j'entends une voix qui t'appelle,
Voix qui ravit et pénètre mes sens;
C'est l'Espérance : à la douce immortelle
Porte mes vœux et mes faibles accents;
Va consoler le malheureux qui prie
Pour obtenir le bonheur de te voir,
Et du proscrit qui pleure sa patrie
Cours ranimer le courage et l'espoir.

ÉLÉGIE

SUR LA MORT D'UN PIGEON,

DÉDIÉE A Mme L...

Fidèle ami, jadis dépositaire
De maux cachés aux êtres d'ici-bas,
Tu m'es ravi! le sort, dans sa colère,
Vient ajouter le deuil à mes combats.
Ah! désormais plus de douces caresses,
Plus de baisers offerts par l'amitié;
Je t'ai perdu! de mes longues tristesses
Qui peut, hélas! accepter la moitié?

Seul maintenant sur mon humide couche,
Où je te fis l'aveu de tant d'erreurs,
Nul ne saura de ma tremblante bouche
Mes rêves d'or et mes saintes douleurs.

Que j'aime, hélas! dans mon âme blessée,
A retrouver le touchant souvenir
Du doux espoir que ma langue glacée
Te confia sur mon triste avenir!

Je crois te voir, dans le mortel délire
Où m'a jeté le coup qui te frappa,
De mes amours partager le martyre
Et tressaillir au nom chéri d'Irma!
Pauvre pigeon! admirable symbole
Que j'opposais à mon adversité!
Tu remplaçais le don de la parole
Par la tendresse et la fidélité!

Mais si ta mort était le doux présage
De cet instant où j'irai vers les cieux,
Et que demain la cloche du village
Frappât l'écho de mes derniers adieux,
Je bénirais cent fois la destinée
Qui de mes jours briserait le lien,
Et je dirais à l'heure fortunée:
« Heureux qui meurt quand il perd son seul bien! »

JUDAS.

AIR : *Ce sont les étudiants.*

AMIS, le croirez-vous ?
J'entends dire à Nicaises,
De vrais plaisirs jaloux,
Que nos mœurs sont mauvaises.
Amis, n'en doutez pas,
Voilà, voilà Judas.

Jugez de son esprit
Et de son caractère,
S'il ne meurt de dépit
Il mourra de colère,
Amis, etc.

La grand'messe il entend,
Nicaise au lutrin chante ;
Et son âme pourtant
N'est rien moins que fervente.
Amis, etc.

Son confesseur l'absout
De la meilleure grâce ;
S'il s'accusait de tout,
Quelle sainte grimace !
Amis, etc.

Jadis il s'inclina
Devant la république,
Et puis il encensa
Le pouvoir monarchique !
Amis, etc.

Un bon roi, Charles dix,
Pour prix de son mérite,
Le décora du lis;
C'est l'ordre du jésuite.
Amis, etc.

Il vient, de nos regards
Que le mépris le glace ;
Parmi nous les mouchards
N'auront jamais de place,
Jamais ! Crions : « A bas !
« A bas ! à bas Judas ! ! ! »

UNE GRANDE DAME,

OU LES HUIT PÉCHÉS CAPITAUX.

J'AI compris que sur mon compte
Vous colportiez des horreurs.
Madelon, point n'avez honte
De calomnier mes mœurs !   (*Bis.*)

Mais , puisque de ma franchise
Vous allumez le courroux ,
Il faut bien que je vous dise
Tout ce que je sais de vous.
  Madelon, trait pour trait,
Je ferai votre portrait.

L'ORGUEIL.

Pour flatter votre âme altière ,
Il faudrait à vos genoux
Proclamer qu'à S...
Il n'est de noble que vous !
Pourtant, si je dois en croire
Ce qu'on dit en certain lieu ,
Point ne devez faire gloire
Du rang qu'avaient vos aïeux.
  Madelon , etc.

L'AVARICE.

A l'indigence timide
Que vers vous conduit la faim ,
Votre avarice sordide
Refuse un morceau de pain ;   (*Bis.*)
Et quand une larme amère
Vous révèle sa douleur,
Loin d'alléger sa misère ,
Vous la chassez sans pudeur !
  Madelon , etc.

LA LUXURE.

Je sais que la quarantaine
N'a point amorti vos sens ;
Il vous faut, ô souveraine,
Un essaim de courtisans ! ! !   (*Bis.*)
Bien que le temps appauvrisse
Vos traits, jadis si mignons,
Vieille fleur, votre calice
S'ouvre à tous les papillons.
  Madelon, etc.

L'ENVIE.

Quand la superbe opulence
Vient s'offrir à vos regards,
Jalouse de sa puissance,
Vous lui lancez des brocards.   (*Bis.*)
Si vous le pouviez, je gage,
Dans vos transports orgueilleux,
Vous brûleriez l'équipage
Qu'affiche un lion heureux.
  Madelon, etc.

LA GOURMANDISE.

Vous êtes parfois aimable,
Et vous valez un croquis ;
C'est à l'aspect d'une table
Couverte de mets exquis.   (*Bis.*)
Mais quand la liqueur divine
Réveille votre gaîté,
Tout passe par l'étamine
De votre esprit indompté.
  Madelon, etc.

LA COLÈRE.

Votre époux est débonnaire,
Pourtant il ose parfois
Heurter votre caractère ;
Mais, furieuse à sa voix,   (*Bis.*)
Vous lui dites : « O marotte,
« Respecte mieux ma leçon ;
« Moi je porte la culotte,
« Toi tu portes le jupon. »
   Madelon, etc.

LA PARESSE.

Quand l'essaim qui vous caresse
Perd son prestige flatteur,
Dans les bras de la mollesse
Vous réparez votre ardeur.   (*Bis.*)
A votre réveil, que cause
Un désir voluptueux,
Sur votre bouche mi-close
S'enivre un amant heureux.
   Madelon, etc.

LA CALOMNIE.

De la hideuse déesse
Qui veille contre l'honneur
Vous devenez la prêtresse,
Et de vous chacun a peur!...   (*Bis.*)
A l'amour de nos familles
Vous inspirez le soupçon,
Et sur la vertu des filles
Vous déversez le poison !!!
   Madelon, trait pour trait,
J'ai saisi votre portrait.

UN MARI EN GOGUETTE.

Air : *Le bon roi Dagobert.*

Accourez, bons voisins,
Amis, oncle, frère et cousins ;
Venez chanter en chœur
Un jour de suprême bonheur.
    L'Eternel se rend
    A mon vœu constant :
    Enfin Madelon
    M'annonce un poupon !
    Qu'un luth harmonieux
Célèbre la bonté des dieux.

Je veux avec raison
Bénir l'ami de la maison,
    Qui vint sans trop de bruit
Chez moi faire pousser un fruit.
    Fier de tant d'honneur,
    Je jure au Seigneur
    De nommer parrain
    L'auteur du bambin.
    Qu'un luth, etc.

Qu'il soit fille ou garçon,
Nous chanterons à l'unisson :
    « Soyez le bienvenu,
    « Cher enfant d'un père inconnu ! »

Puisque sans planter
Je puis récolter,
Ma foi j'aurais tort
D'accuser le sort.
Qu'un luth, etc.

S'il n'a de Madelon
Ni la beauté ni le bon ton,
S'il n'a pas des vertus,
Du moins il aura mes écus.
Mon argent fera
Qu'il s'élèvera ;
D'ailleurs le hasard
Protége un bâtard.
Qu'un luth, etc.

Ainsi chantait gaîment
Un homme au bon tempérament,
Quand sa femme en courroux
Survint, et lui dit : « Taisez-vous !!!..
« Ne savez-vous pas...?
« — Qu'importe le cas ? »
Reprend le butor
En criant plus fort :
« Qu'un luth harmonieux
« Célèbre la bonté des dieux. »

CHANSON BACHIQUE,

COMPOSÉE A L'OCCASION D'UN REPAS DONNÉ PAR
MM. LES MEMBRES DU CERCLE DE BEDOUS.

LE bonheur de cette vie
Est, dit-on, de posséder
Fillette jeune et jolie,
A l'œil vif, au pied léger.   (*Bis.*)
Moi je préfère la table,
Là, mes ennuis ont un frein.
Qui veut un plaisir durable,
S'associe à ce refrain :
  Pour jouir ici-bas,
Rien ne vaut un bon repas.   (*Bis.*)

J'eus maîtresse jeune et belle,
J'en reçus tendre serment;
Mais elle fut infidèle :
Est-il un amour constant?   (*Bis.*)
Depuis ce jour mémorable,
Mes amis, je n'aime plus;
Pour un coup de vin de sable,
Je fuirais une Vénus!
  Pour jouir, etc.

Le courtisan qui s'incline
Devant un maître insolent,
L'ambitieux que domine
L'orgueil du suprême rang,   (*Bis.*)

Et l'avare qui soupire
Couché sur son coffre-fort,
Comme nous peuvent-ils dire,
Dans un bachique transport :
  Pour jouir, etc.

Puisqu'ici bas tout succombe,
Du sort bravons le courroux,
Demain peut-être une tombe
S'ouvrira pour l'un de nous !   (*Bis.*)
Je plains celui qui caresse
L'espoir d'un bonheur lointain;
Le présent seul m'intéresse,
Le présent seul est certain !
  Pour jouir, etc.

Pardon, Messieurs, si j'abuse
D'un moment si plein d'attraits ;
Je trouverai mon excuse
A la fin de ce couplet.   (*Bis.*)
Je veux qu'ici tout partage
Les élans de ma gaîté,
Et que l'écho du village
Répète cette santé :
    « A notre président (*) ! }
    « A notre bon président ! » } (*Bis.*)

(*) M. Sarraille, maire de Bedous.

COUPLETS DE TABLE,

CHANTÉS DANS UN REPAS DONNÉ PAR M. F. C.,
SOUS-INSPECTEUR DES DOUANES A BEDOUS.

Il faut partir ! mais en quittant l'enceinte
Où le plaisir érigea ses autels ,
Inclinons-nous devant l'amitié sainte
Qui vient charmer ces instants solennels.

Il faut partir ! mais mon cœur s'abandonne
Au doux espoir qu'un jour nous reprendrons ,
Joyeux enfants, cette fraîche couronne
Que le bonheur vint tresser sur nos fronts.

Il faut partir ! ce n'est pas que je craigne
Qu'un séducteur empiète sur mes droits ;
Mais un mari, pour affermir son règne ,
Avec l'hymen doit compter quelquefois.

Pour terminer dignement cette fête ,
Il faut encor déboucher un flacon ;
Amis , versez, et que chacun répète :
« A la santé de notre amphitryon ! »

O TEMPS! O MOEURS!

BANQUEROUTIERS sans pudeur,
Vainement Plutus vous berce;
Nous savons à quel commerce
Vous devez votre bonheur :
De l'argent de cent familles
Vous dotez vos jeunes filles,
Et vous osez dire encor
Qu'au travail, à l'abstinence,
Vous devez votre opulence.
En vérité, c'est trop fort!

O superbes châtelains,
Que l'indigence importune,
A quoi vous sert la fortune
Dont vous vous montrez si vains?
Quand un pauvre sans asile
Vous tend une main débile,
Et qu'il pleure sur son sort,
Loin de l'accueillir en frère,
Vous riez de sa misère.
En vérité, etc.

Mandataires impudents,
En quittant notre province,
Vous dites : « Rien pour le prince,
« Rien surtout pour nos parents. »

Mais dans l'auguste demeure,
Quand du dîner sonne l'heure,
Vous dites : « Virons de bord.
« Le peuple bat la campagne,
« A nous Madère et Champagne. »
En vérité, etc.

« A nous la croix des héros,
« Les places inamovibles,
« Les emplois incompatibles,
« Qui font pester les journaux.
« Cours royales, préfectures,
« Admirables sinécures
« Où la mollesse s'endort,
« Vous serez héréditaires
« Pour nos enfants ou nos frères. »
En vérité, etc.

Des dévotes de ce lieu
Font leur ménage à l'église,
Et pour qu'on les divinise,
Elles prient toujours Dieu.
Toujours ! oh ! non, c'est trop dire,
Il faut le temps de médire,
Ce n'est pas un si grand tort.
A la faveur d'un beau cierge
On fléchit la Sainte Vierge.
En vérité, etc.

PAROLES D'UN MOURANT,

DÉDIÉES A M. B. . .,

DIRECTEUR DES CONTRIBUTIONS INDIRECTES.

> Ciel, pavillon de l'homme, admirable nature,
> Salut pour la dernière fois !
>
> GILBERT.

ENFIN je vais quitter la terrestre demeure
    Où pendant vingt ans j'ai gémi ;
Mes vœux sont exaucés, et cependant je pleure,
    Moi qui n'ai pas un seul ami.

J'ignore le sujet des secrètes alarmes
    Qui m'assaillent comme un remord,
Et je ne sais pourquoi je verse tant de larmes,
    Lorsque je désire la mort.

La mort ! c'est le seul bien que dès long-temps j'appelle ;
    Elle est le terme de nos maux,
Et le doux précurseur de la joie éternelle
    Qu'on goûte au delà des tombeaux !

Mais, Seigneur, qu'ai-je dit ? est-ce à moi de prétendre
    A l'impérissable avenir
Que vous donnez à ceux qui savent vous comprendre,
    Vous adorer et vous bénir ?

Pour vous je n'ai rien fait ; mais suspendez encore
    Votre courroux, votre abandon.
Que mes pleurs pénitents, Dieu juste que j'implore !
    Soient le signal de mon pardon.

Ôh ! donnez-moi le temps de défricher la voie
    Où mes enfants doivent grandir;
Que mon cœur paternel leur apprenne la joie
    De vous aimer, de vous servir !

Mais que vois-je ? la mort ! elle vient, et m'annonce
    Que mon dernier jour a lui !
Je tremble au triste arrêt que sa bouche prononce.
    Pitié, mon Dieu, mon seul appui !

Je meurs ! pauvres enfants, que de mes pleurs j'arrose,
    Un jour, en lisant cet adieu,
Vous direz : « Ici bas sa dépouille repose,
    « Mais son âme est au sein de Dieu! »

Ah ! puissiez-vous alors, au souvenir d'un père
    Qui désira votre bonheur,
Par l'amour filial consoler une mère
    A qui je lègue ma douleur !

Adieu, frère chéri, chéri malgré toi-même,
    Va, je t'absous de ta pitié; . . .
Mon cœur triomphe. . . hélas ! à cette heure suprême
    Il n'est ouvert qu'à l'amitié ! . . .

Dans les yeux presque éteints de notre vieille mère,
    Lorsqu'une larme brillera,
Allége ses regrets et sa douleur amère,
    Et le bon Dieu te bénira.

A IRMA.

Eh quoi! tu veux toujours me causer des alarmes?
Trouves-tu le bonheur dans mes brûlantes larmes?
Il n'est pas de plaisir que je n'achète, hélas!
Au prix de mille maux et de mille combats.
Quand je cueille un baiser sur ta bouche embaumée,
Et que je meurs d'amour, tu doutes d'être aimée!
Oh! ne connais-tu pas mon tendre attachement!
Gabriel est toujours cet homme au cœur aimant
Qui n'hésiterait point à te donner sa vie.
Tu ne peux en douter, ô mon aimable amie!
Depuis qu'un noble amour a formé nos liens,
Tu sais que tes plaisirs et tes maux sont les miens;
Tu sais que loin de toi la douleur me dévore,
.Et que pour te revoir je braverais encore
Les périls qui naguère ont menacé mes jours;
Tu sais que mon seul bien est de t'aimer toujours,
Oui toujours, chère Irma : quoi qu'il puisse s'ensuivre,
En dépit du destin, pour toi je saurai vivre.
Ne m'accuse donc plus, ne doute plus de moi;
Fidèle à ses serments, mon cœur est plein de toi;
Et si jamais le Ciel, que j'implore à toute heure,
Faisait luire un beau jour dans ma sombre demeure...
Oh! si tant de bonheur à moi venait s'offrir,
Ivre de volupté, d'amour et de plaisir,
A tes pieds prosterné, je te dirais : « Amie,
« Ton cœur m'a bien souvent accusé d'infamie;

« Mais le sort m'a vengé, je suis à toi : veux-tu
« Me suivre où Dieu bénit l'amour et la vertu ? »

LES RUINES DE GRAMMONT,

A BIDACHE.

> Triste comme la pensée du néant.
> CHATEAUBRIAND.

RUINES de ce palais, que le peuple en colère
  Vint, dans un jour désenchanté,
Las d'être le support d'une race trop fière,
  Brûler aux cris de liberté;

Murs qui portez encor les traces de la foudre
  Qu'un Dieu vengeur fit autrefois
Eclater sur des rois qu'il ne pouvait absoudre,
  Car ils avaient enfreint ses lois;

Débris de ce séjour où trôna l'opulence,
  Ivre d'encens et de faveurs,
Murs de Grammont, salut! près de vous l'espérance
  Naguère vint sécher mes pleurs.

Salut, trois fois salut, monuments immuables
  Qui des autans bravez le cours!
Je baise à deux genoux vos pierres mémorables,
  Qui me rappellent de beaux jours!

Bidouze, dont les eaux viennent baigner la rive
    Où tant de fois je m'endormis,
Je te salue aussi; puisse ma voix plaintive
    Aller au cœur de mes amis!

A l'automne de l'âge, alors qu'un dernier rêve
    Répand en nous ses doux trésors,
Je vins, pauvre et content, soupirer sur ta grève;
    J'étais heureux, j'aimais alors!!!

Mais un jour a suffi pour briser l'édifice
    Que mon amour avait construit;
A mes illusions succède le supplice
    Du malheureux que l'espoir fuit!

Mais puisque le malheur a déchiré le voile
    Qui recouvrait mon avenir,
Et que je ne vois plus scintiller mon étoile,
    Hélas! pour moi tout doit finir!

Adieu, mes chers enfants! songez que par mes larmes
    Pour vous j'implore le Seigneur;
Songez que si pour l'homme il est ici des charmes,
    C'est quand il brille par le cœur!!!

Adieu, champs paternels ravis à mon enfance,
    Objets divers que tant j'aimais!
Murs de Grammont, bosquet où s'endort la souffrance,
    Las! je vous quitte pour jamais!

Et toi qui n'eus jamais d'écho pour l'imposture,
    Patrie, ouverte aux cœurs aimants,

Beau vallon de Bedous, jardin de la nature,
    Prête ton sol à tes enfants.

O Dieu dont la bonté pour nous est à l'épreuve,
    Jette un regard consolateur
Sur ces jeunes enfants et cette pauvre veuve
    Auxquels je lègue..... mon honneur !

ÉLÉGIE

SUR LA MORT DE M.ᵐᵉ E....., NÉE D......

DÉDIÉE A M. P.,
DIRECTEUR DES CONTRIBUTIONS INDIRECTES.

> Bois que j'aime, adieu ! je succombe ;
> Votre deuil a prédit mon sort,
> Et dans chaque feuille qui tombe
> Je vois un présage de mort.
> (*La Chute des Feuilles.*) MILLEVOYE.

VICTIME d'une erreur, toi que j'ai tant aimée,
Sur ton corps épuisé la tombe s'est fermée.
De ta bouche de rose où siégeait la bonté,
De ce regard si fier que donne la beauté,
De ce front virginal où ton intelligence
Brillait comme une étoile à l'horizon immense,
Hélas ! de tant d'attraits il ne reste plus rien ;
L'inexorable mort a brisé le lien

Où tant d'illusions suspendirent ma vie ;
Je t'adorai quinze ans, et tu me fus ravie !
Ah ! si tu peux encor, dans cet autre univers,
Te rappeler les maux que pour toi j'ai soufferts,
Alors que, te laissant aussi pure qu'un ange,
Je te vis, d'un rival acceptant la louange,
Fouler aux pieds l'encens d'un amour éternel
Et m'enlever l'espoir qui me venait du ciel,
Tu dois, dans ce séjour de terribles mystères,
Donner à ton ami des larmes bien sincères !

Proscrit de ton pays, j'étais bien loin de toi
Quand en face du ciel, au mépris de ta foi,
Tu reçus sans effort cette bague bénie
Qui devait de mes jours amener l'agonie :
Mais dès que de ton cœur s'échappa le serment
Qui créait un époux et brisait un amant,
Et qu'aux pieds de l'autel, à genoux prosternée,
Tu scellas de ton nom ce cruel hyménée,
Une voix prophétique, arrivant jusqu'à moi,
Me dit : « Ils sont unis, plus de bonheur pour toi ; »
Depuis ce jour fatal à mon âme flétrie,
J'ai subi de revers une longue série ;
Et toi-même, immolée à tes persécuteurs,
Tu n'as jamais senti que le poids des douleurs.
En vain, pour consoler la mère infortunée,
Deux enfants radieux, fruit de ton hyménée,
Vinrent par leurs baisers t'extasier d'amour;
Une image plaintive, et la nuit et le jour,
Mêlant à tes transports une douleur amère,
Faisait pâlir la femme et sangloter la mère.....

Ah! que de fois alors, au souvenir brûlant
De celui que jadis tu choisis pour amant,
Ton cœur a dévoré le désir de m'entendre!!!
Mais je m'oublie, hélas! et profane ta cendre :
Quand la mort a jeté ses jalons parmi nous,
Tout doit se pardonner : pardonner est si doux!
Et d'ailleurs n'ai-je pas bien souvent dans ma course
Altéré le cristal d'une limpide source?
N'ai-je pas, à l'aspect d'une candide fleur,
Laissé sur son calice un souffle corrupteur?
Mais le Ciel m'a puni de mes tristes victoires;
Mon âme s'est lavée aux pleurs expiatoires.
Heureux si, quand la mort aura tari des jours
Que devaient embellir la joie et les amours,
Mes puissants ennemis jettent une couronne
Sur la pierre glacée où la haine pardonne!
Heureux si, quand viendra ce moment solennel,
Je puis, pauvre martyr, te retrouver au ciel!!!

COUPLETS

COMPOSÉS

A L'OCCASION D'UNE SOUSCRIPTION
EN FAVEUR DE LA POLOGNE.

AIR : *Un Espagnol du haut de la frontière.*

QUAND aux accents d'une muse chérie (*)
Qui va quêtant pour nos frères du nord,
Je vois partout une foule attendrie
Suivre à l'envi ce généreux essor;
Moi je me dis, dans la nuit du silence,
Le front courbé par d'amères douleurs :
« A défaut d'or, aux amis de la France,
« Je puis du moins offrir de nobles pleurs. »

Et vers le Ciel élevant ma prière,
Je dis : « Mon Dieu! voudras-tu que des rois
« Foulent aux pieds l'immortelle bannière
« Où tu traças d'un grand peuple les droits?
« A tes desseins rien n'opposant d'entraves,
« Fais que ce sol, encore ensanglanté
« Par des tyrans et d'ignobles esclaves,
« Soit désormais un sol de liberté. »

Et puis j'entends une voix prophétique
Percer la nue et dire à l'univers :
« Elle vivra la Pologne héroïque,
« C'est aux tyrans que reviendront ses fers.»

(*) M. Navarrot (Xavier).

Un saint transport succède à ce présage
De liberté, d'amour et de grandeur.
Riches, donnez; pour conjurer l'orage,
Joignons l'aumône aux prières du cœur.

CANTIQUE.

O DIEU d'amour, de gloire et d'espérance,
Entends ici la voix de tes enfants;
Ils viennent tous implorer ta clémence :
Sois attendri par leurs vœux pénitents.

Si ta pitié sèche nos larmes,
Si nos accents touchent ton cœur,
Ce jour, loin d'être un jour d'alarmes,
Sera le signal du bonheur :
Tel, après avoir fait naufrage,
Le matelot, loin du rivage,
Attend l'appui du Créateur.

Il fut un jour où ta parole sainte
N'eut pas d'écho dans nos âmes sans foi;
Mais aujourd'hui, dans cette auguste enceinte,
Nous promettons de respecter ta loi.

Grandeurs, richesses, vils fantômes,
Qu'anéantit un seul revers,
En vain vous subjuguez les hommes,

Vous ne leur donnez que des fers.
Que sont les biens de cette vie?
Il est une heureuse patrie,
Elle est dans un autre univers.

AU TURON

DE M. GARNOT DE LACLÈDE,

POÉSIE DÉDIÉE A M. S. B. . .

Avant que l'aquilon, précurseur de la neige,
    Vienne flétrir ton beau séjour,
Et que le triste hiver, avec son noir cortége,
    Ait de ton sein chassé l'amour;

Avant que la vallée ait perdu la parure
    Que lui ramène le printemps,
Et que le doux parfum qu'exhale la nature
    Se perde au souffle des autans;

Avant que les oiseaux, bannis de leur demeure,
    Vivent errants sur le chemin,
Et que le pauvre, hélas! sur son avenir pleure,
    Transi de froid et mort de faim;

Je veux, ô cher Turon, sous ton épais feuillage,
    Frappant l'écho de mes accents,

Célébrer une fois, dans mon obscur langage,
    De Despourrins les nobles chants.

Que de fois, ô Turon ! quand l'éloquent poète
    Chantait l'amour à pleine voix,
N'as-tu pas désiré devenir la retraite
    Que chérissait le chantre aspois !

Mais que de fois aussi, quand sa lyre facile
    Exaltait de pieux soupirs,
Ne devenais-tu pas, mystérieux asile,
    Le sanctuaire des plaisirs !

Il me semble le voir sur la cime fleurie
    Se recueillir, et prodiguer
Les sons harmonieux de sa lyre chérie,
    Que l'or n'avait pu subjuguer.

Il me semble le voir, évitant les louanges
    Que ses amis lui destinaient,
Consacrer son génie à soulager des anges
    Que les misères accablaient.

A cet âge où le cœur a besoin d'interprète
    Pour exprimer sa chaste ardeur,
Je lisais Despourrins, et ce divin poète
    Etait mon ange traducteur.

Plus fortuné que moi, bocage que j'adore,
    Tu vis souvent briller les traits
Du grand poète aspois qui dans mille ans encore
    Fera l'honneur du Béarnais.

Oh! puissent quelques jours des muses exercées
    A retracer le grand, le beau,
Prêter à mon essai les sublimes pensées
    Qui font le charme du tableau !

Adieu, Turon, adieu! si le destin ajoute
    A l'espérance ses bienfaits,
Bientôt je reviendrai sous ta paisible voûte
    De Laclède (*) esquisser les traits.

M. TARTUFE.

Air : *Il est un petit homme.*

Si j'avais du poète
Le séduisant pinceau,
    Quel tableau,
Quelle image parfaite,
Je ferais du minois
    Si sournois
    De ce plébéien   (*Bis.*)
Qui tranche du seigneur.
    Est-il gentil   (*Bis.*)
Notre cher percepteur!

(*) Le colonel Laclède mourut au siége de Saragosse, après avoir fait des prodiges de valeur.

Poursuivons son esquisse,
Et surtout peignons bien
   Le chrétien.
Je jure sans malice
Qu'il ne hante de Dieu
   Le saint lieu
  Que pour y dormir :   (*Bis.*)
Admirez sa ferveur.
   Est-il dévot   (*Bis.*)
Notre cher percepteur !

Mais laissons sa figure,
Chacun sait que rien n'est
   Aussi laid ;
Parlons de sa tournure :
Ne vous semble-t-il pas,
   A ses pas,
  Voir un loup flairant   (*Bis.*)
Les traces d'un mouton?
   Est-il gentil   (*Bis.*)
Le seigneur du canton !

Au pauvre qui le prie
De lui donner du pain,
   Ce crétin
Répond : « Gagne ta vie;
« Ne possèdes-tu pas
   « De bons bras?
  « On peut, quand on veut,   (*Bis.*)
« Vivre de son labeur. »
   Oh! qu'il est bon   (*Bis.*)

Notre cher percepteur !

Lorsque pour la patrie
Chacun voulait mourir
   Ou souffrir,
Il exposa sa vie,
Mais ce fut moyennant
   De l'argent
 Qu'il suivit partout   *(Bis.)*
Le char de l'empereur.
  Que pensez-vous   *(Bis.)*
De notre percepteur?

COUPLETS

COMPOSÉS POUR LA FÊTE DE M. L.,
NOTAIRE A BEDOUS.

Le refrain est adressé à M.me L., qui avait demandé une chanson.

C'EST aujourd'hui votre fête;
Pour vous adresser des vœux,
On a pris pour interprète
Un poète au cerveau creux.
Mon embarras est extrême,
Je ne sais comment rimer;
L'épouse qui tant vous aime
Saurait bien mieux s'exprimer;
 Mais vous avez fait choix
D'un pauvre chantre sans voix.

Que faut-il que je vous dise
Qu'on ne vous ait déjà dit ?
On aime votre franchise,
On admire votre esprit ;
Mais parmi ceux qui retracent
La bonté de votre cœur,
En est-il qui pour vous fassent
Plus de souhaits de bonheur ?
　Sous ce rapport je crois
Que vous fîtes un bon choix.

Si pour chanter la naissance
D'un rejeton de l'amour,
Votre douce bienveillance
Me désignait un beau jour,
Mon cœur dans une louange
Encadrerait un couplet ;
Mais en célébrant cet ange
Je dirais, quoiqu'à regret :
　« Vous avez fait le choix
　« D'un pauvre chantre sans voix. »

Ma chanson n'est pas finie,
J'ajouterai quelques vers :
Puisse la grâce infinie
Du Maître de l'univers,
A l'excellente famille
Qui nous rassemble en ce jour,
Donner un bonheur qui brille
De paix, de joie et d'amour !

De pareils vœux, je crois,
Légitiment votre choix.

<hr>

UN ÉLECTEUR MUNICIPAL

A SES COLLÈGUES DE BEDOUS.

AIR : *Bénissons à jamais.*

On s'assemble à huitaine,
Electeurs de Bedous ;
Venez, accourez tous
Vers l'urne souveraine.
Voici comment je crois   } (*Bis.*)
Devoir employer ma voix.

Puisque nos patriotes,
Mus par leur intérêt,
Des principes ont fait
Ce qu'on fait des marottes ;
Je le dis sans façon :   } (*Bis.*)
L'intérêt est mon patron.

Qu'on m'appelle bizarre,
Inconséquent, menteur,
Je vote de grand cœur
Pour certain gueux ignare (*),

(*) L***, usurier de profession.

Car dans ce monde on a
Souvent besoin d'un paria.   (*Bis.*)

Peu m'importe qu'il ruine
Le modeste paysan,
Qu'il prête à cent pour cent
Pour avoir sa chaumine ;
Mon système est , ma foi,
De tout rapporter à moi.   (*Bis.*)

A Bourda je m'engage
De prêter mon appui ;
J'aurai gratis chez lui
Un cheval de louage.
Puisse donc ce mutin
Sortir vainqueur du scrutin !   (*Bis.*)

Bousquet ne peut suffire
A ses vieux protégés,
Qui sont fort affligés
De ne pouvoir pas dire :
Sans nous brûler, morbleu !
Sortons les marrons du feu.   (*Bis.*)

Pour aider ce brave homme,
Si digne à mon égard,
Je m'attache à son char,
Certain que sur la somme
Qu'il me prêta jadis ,
Il dira *De profundis.*   (*Bis.*)

Sans savoir s'il se farde,
Je donne à Dizabeau
Mon vote de nouveau,
Car cent francs je lui garde...
On aura beau pester,
Nul ne saurait mieux compter.　　(*Bis.*)

Nougué, bien qu'on t'accuse
D'abuser trop souvent
De certain talisman, ..
La fortune t'excuse.
Mais on dit cette fois
Que tu quêtes trente voix.　　(*Bis.*)

Si tu veux, en échange
De mon vote influent,
Souscrire incontinent
Une lettre de change,
Demain à ton réveil
Tu siégeras au conseil.　　(*Bis.*)

J'honore l'industrie
De maître Miramonc;
Ma voix je donne donc
Au marchand d'harmonie (*).
Réjouis-toi, Bedous,
Nous aurons du *son* pour tous.　　(*Bis.*)

(*) Il vend des sonnettes.

Imprécation du Chansonnier.

Que le diable vous torde,
Hommes sans frein ni loi !
Vous vendez votre foi,
Vous méritez la corde.
Que maudit soit l'Aspois   } *(Bis.)*
Qui trafique de sa voix !

<hr>

AUX

ÉLECTEURS MUNICIPAUX DE BEDOUS

QUI ONT TRAFIQUÉ DE LEUR VOIX.

Air : *Ce sont les dames de Paris*
Qui n'aiment que les petits maris.

Adichat, électous ;
Diou ! be paréchets hurous !
A boste air ta counten,
Diou biban ! què diseren
Qu'abet touts anounçat
A la praübé humanitat
Lou secret de gouari
Lou maü qui la hé souffri.

Més, Diou merci, ney pas
Ta gouari lous affligeats

4

Que bienet per aci ;
Quabet u mey grand souci :
  Qué boulet, quat creï you,
Per u soul mout de fabou,
  Empecha que nou siats
Per Crésus exproupriats.

  Guillot, quouan tan baillat
En tat counserba lou prat ?
  Jean, quouan as récébut
De toun besi lou bourrút ?
  Et tu , doun lous ahas
Paréchen ta déranyats,
  Quouan de hechs de roumen
É t'an dit quet bailléren ?

  É tu , grand animaü,
Aü counseil municipaü
  Qu'as gagnat de pourta
U quis hé tan détesta ?
  Quat débini : qu'as met
De mouri batleü de ret.
  D'aillou, qu'as taü Cuyou
Grane prédilectiou.

Tu Brutus, grand pendar,
Qui debes tua Cesar,
  É cridabes tan haüt
Biahore sus Baganaüt,
  Per u pa de capous
Qué t'as engatyat la bouts.

Per u so , grand judiou ,
Que beneres lou boun Diou.

É tu , nas de renar,
Be hes u triple pendar.
En despiet deü progrès
Y de noustes intérets,
Per u soul coutillou
Qui tan baillat ta Mariou ,
Dens l'urne qu'as yetat
Lou noum du grand renégat.

Electous , Diou biban !
Que poudet f.... lou camp ;
Aci arré nou ya
Aillou anappé harta ;
É tantos , quand lou bi
Pé mas quéra lou cami ,
Diou bouilli , grands gouluts ,
Quet pouscat coupa lou mus !

COMPTE-RENDU

AU SIEUR LOUSTALOT

SUR SA PRÉSENTATION AU CERCLE DE BEDOUS

EN QUALITÉ DE CLASSIFICATEUR DE JOURNAUX.

Bien que le Ciel ait mis quelque chose en mon cœur
Qui me rend odieux l'art de solliciteur,
Pour toi je l'ai tenté. J'écrivis en novembre
A notre président ; il convoqua la chambre.
C'était avant-hier que l'assemblée eut lieu.
Je me tenais debout, les yeux tournés vers Dieu ;
Mais lorsque Sarraillet eut enfin lu ma lettre,
Un infernal chorus : « Nous ne pouvons l'admettre
« Sans violer l'esprit de notre règlement ! »
Vint attrister mon cœur, et je crus un moment
Que j'allais défaillir ! Il n'est pas de Lucrèce
Qui, sous l'affreux toucher d'une impure caresse,
Eprouve plus de mal que je n'en ressentis
Quand je vis contre toi tant de grands si petits.
A cette heure pourtant je dus me faire entendre;
Je rassemblai mes sens, et, pour mieux te défendre,
Je fis jaillir l'éclair de tes douces vertus.
J'allais te comparer au bon Cincinnatus,
Quand une voix semblable à l'éclat du tonnerre,
Faisant vibrer le cercle et tressaillir la terre,

S'écria : « Puisqu'on veut un classificateur,
« Je désigne Saffore (*); il mérite l'honneur
« Dont on veut, en dépit des lois qui nous régissent,
« Investir Loustalot. » Les bravos retentissent,
Et plusieurs voix soudain, parlant à l'unisson,
Déclarent à l'envi que F. . . a raison.
Mais un membre aussitôt, l'œil ardent, le teint pâle,
Comme un noble tribun dont la fureur s'exhale,
Loustau-Granet enfin, ivre. . . . d'émotion,
S'écrie avec transport : « A bas la motion ! . .
—« Pourquoi ? répond F. . ., avec un fin sourire.
—« Ecoutez-moi, Monsieur, je m'en vais vous le dire :
« Saffore est maladif; pour ce motif, je crois
« Qu'il faut sur Loustalot arrêter notre choix. »
Aussitôt Sarraillet, qui gardait le silence,
Se dresse menaçant, fier et plein d'assurance :
« Il serait temps, dit-il, de finir ce débat,
« Il faut que le scrutin mette fin au combat! »
Et moi-même, charmé de l'incident bizarre,
Je veux incontinent que l'urne se déclare.
Tout s'émeut et s'agite en ce terrible instant.
De Larricq, de Loustau, le langage entraînant
A rendu de F. . . la victoire incertaine ;
Alors le président, qu'attirent dans l'arène
L'orgueil et le dépit de l'opposition,
Dit : « Je vais mettre aux voix la proposition. »
Mais, aussitôt, hélas! survint un autre orage
Qui fit bondir mon cœur d'une cruelle rage.

(*) Le maître de la maison où se trouve le cercle.

Les membres opposants allaient tomber vaincus,
J'allais voir couronner tes aimables vertus,
Lorsqu'élevant la voix, un courageux sophiste
Voulut que parmi nous on prît un archiviste.
Les uns crient : Haro! les autres, tout joyeux,
Battent cent fois des mains et bénissent les dieux.
Contre cet incident vainement je proteste.
« Messieurs, prévenons tous un précédent funeste.
« La loi qui nous régit n'a pas prévu le cas
« Qui s'agite aujourd'hui. — Tranchons notre embarras.
« D'archiviste quelqu'un ici veut-il la tâche ? »
Dit-il en se pinçant la lèvre et la moustache.
. . . .
. . . .

Tout le monde se tait. De plaisir je tressaille ; . . .
Mais, hélas ! ma gaîté ne fut qu'un feu de paille.
Sous un nouvel écueil je dois tomber vaincu ;
On va briser l'autel dressé pour la vertu.
Fier de la motion qui venait d'être faite,
Un tout petit monsieur dit en levant la tête,
Une main sur la hanche et l'autre sur le cœur :
« Je m'impose l'emploi de classificateur ! . . »
Ces mots inattendus, Loustalot, me confondent ;
A ma déception mille douleurs répondent.
Mais bientôt, usurpant un calme naturel,
Je me dis : Chaque fois qu'un vote solennel
Lèse les intérêts de la grande famille
Pour encenser des cœurs où rien de grand ne brille,
Il faut vouer un culte à la fraternité ;
Elle est fille du ciel et de la liberté.

O vous qui, fiers d'avoir d'une amitié divine
Honoré les vertus d'une obscure origine,
Brûlez d'un noble amour pour l'homme qui n'a rien,
Pourvu qu'il soit orné des sentiments du bien,
Unissons à jamais nos vœux et nos hommages;
Et si demain le ciel se couvre de nuages,
Et que nous puissions tous relever nos affronts,
Gardons-nous d'imprimer à de superbes fronts
Le signe du dédain que l'on met sur les nôtres :
Fils de la liberté, devenons ses apôtres ;
Et quand viendra le jour que nous appelons tous,
Nous pourrons voir les grands sans fléchir les genoux.

A MONSIEUR LE PRÉSIDENT

DU CERCLE DE BEDOUS.

C'était l'heure suprême où l'humble laboureur
Goûte dans son réduit le fruit de son labeur ;
C'était l'heureux instant où de ses longues ailes
L'Amour cache aux jaloux les rendez-vous des belles,
Où le pasteur joyeux sourit à son travail,
Et compte en priant Dieu ses brebis au bercail.
Le ciel était en deuil; la lune, enveloppée
Dans un épais brouillard, paraissait attristée,
Et les noirs aquilons, précurseurs de l'hiver,
Soufflaient dans la vallée un infernal concert.

Je sortais de chez moi, rempli du saint délire
Que nous cause un enfant quand sa voix peut nous dire
Ces riens délicieux dont la nature sait
A l'amour paternel apprendre le secret.

. . . .

. . . .

J'avais à peine fait quelques pas incertains
Que je vois à genoux, la tête dans ses mains,
Près du funèbre enclos où s'éteint l'espérance,
Un être paraissant en butte à la souffrance.
La crainte de troubler une sainte douleur
N'ayant pu comprimer les élans de mon cœur,
Je m'approche de lui : souvent une parole
Adressée au malheur l'endort ou le console.
Mais soudain, aux rayons du bel astre du soir,
Je reconnais l'ami qui seul fait mon espoir.
Ce que je ressentis, je ne saurais le dire ;
Il est des sentiments que rien ne peut décrire.
Le doute et la douleur unis à la pitié
Saisirent tour à tour ma fidèle amitié.
Je lui saisis la main, le relève et l'embrasse,
En lui disant : « Ami, tu souffres ? ah ! de grâce,
« Apprends-moi le sujet qui fait couler tes pleurs ;
« Si j'aime tes plaisirs, j'aime aussi tes douleurs. »
A ces mots, mon ami, penché sur ma poitrine,
Comme un chêne ébranlé que la tempête incline,
Après avoir porté son mouchoir à ses yeux,
Etouffé ses sanglots et regardé les cieux,
Me dit en tressaillant : « Depuis l'heure fatale
« Où F... a marqué ma place sociale ;

« Depuis le jour, hélas! où des nobles ont cru
« Qu'il ne suffisait pas d'avoir de la vertu
« Pour pouvoir dans leur sein occuper une place;
« Depuis qu'ils ont voulu qu'une modeste race
« Vécût comme la bête au milieu des déserts
« Et ne pût faire un pas sans rencontrer des fers;
« Enfin depuis le jour où votre âme brûlante
« A vu se dérouler la scène saisissante
« Où l'on a décidé que l'homme qui n'a rien
« Ne devait pas frayer avec l'homme de bien:
« Ah! depuis ce jour-là, G....., je vous le jure,
« Je m'éteins lentement sous le poids de l'injure.
« A quoi sert la vertu? Soleil d'égalité,
« Quand féconderas-tu ce sol de liberté? »
J'étais anéanti; sa parole magique
Avait agi sur moi comme un corps électrique.
A peine il me souvient qu'en s'éloignant, hélas!
Loustalot m'étreignit vivement dans ses bras;
Et quand j'eus triomphé de ma douleur suprême,
J'entendis dans les airs : « Anathème! anathème! »
Alors je regagnai vivement mon logis;
Comme un lion blessé, de rage je rugis.
Mais en rentrant chez moi, je sentis dans mes veines
Comme un poison subtil qui termine nos peines,
Un fer chaud me brûlait... Vainement je voulus,
Interrogeant mon cœur et mes sens éperdus,
Décrire en traits saillants cette scène brûlante,
La plume s'échappa de ma main défaillante;
Mais, grâces au sommeil, ce grand réparateur
Qui rend au corps sa force, à l'âme son ardeur,

4.

Monsieur le Président, j'ai pu prendre la plume
Et porter jusqu'à vous le feu qui me consume.
En novembre dernier, c'était le 10 je crois,
De la fraternité fier d'exalter les lois,
J'osai vous adresser une longue supplique.

Cette supplique, Monsieur le Président, avait pour but
de faire admettre M. Loustalot au cercle comme classificateur de journaux ; mais, ainsi que je l'ai déjà dit dans
une tirade de vers dont quelques personnes se sont mal
à propos scandalisées, car mon intention n'était nullement
de les blesser, ma proposition ne put être mise aux voix.
Plusieurs membres, s'étayant de ce que le règlement n'a-
vait pas prévu la nécessité d'avoir quelqu'un spécialement
affecté au classement de nos feuilles, demandèrent à
hauts cris que l'archiviste fût pris parmi les sociétaires.
Je ne vous retracerai point les sentiments douloureux
que j'éprouvai en voyant ma proposition écartée. Quoi
qu'en aient dit certaines personnes, la décision qui fut
prise était entachée d'injustice et de partialité. Je n'ai
d'ailleurs à m'occuper aujourd'hui que d'un incident de
cette séance, vers lequel je me trouve ramené par la
nouvelle demande que je vais avoir l'honneur de vous
faire.

Lorsque M. M... l'eut emporté sur M*** pour l'emploi d'archiviste, trois des membres qui avaient combattu
le plus chaudement ma motion vinrent me dire mysté-
rieusement que si j'avais proposé d'admettre M. Loustalot gratuitement, j'aurais obtenu un plein succès. Ces
paroles étaient sincères, je me plais à le croire ; mais je
ne les regardai que comme une fiche de consolation, car,

puisque mon candidat était jugé digne de figurer dans nos réunions, qu'importait-il qu'il y arrivât sous telle ou telle qualité ? Quoi qu'il en soit des sentiments qui ont dirigé ces messieurs, le moment me paraît arrivé de les vérifier.

Je propose de nouveau M. Loustalot, non comme classificateur, mais bien pour faire partie de notre cercle, et j'attends avec impatience que vous vouliez bien provoquer une assemblée générale. Cette fois-ci du moins chacun sera parfaitement à son aise, et nul ne pourra plus se retrancher derrière un subterfuge. Je m'attends, Monsieur le Président, à voir se former une nouvelle opposition ; mais, encore un coup, la lutte qui s'établira aura lieu à visage découvert. Nous saurons bientôt quel degré de sympathie possède parmi nous cette intéressante fraction de la société que les grands du jour regardent avec tant de dédain. Je crois devoir vous dire, Monsieur le Président, que, sorti d'un sang plébéien, je mettrai toute mon énergie à combattre des arguments qui tendraient à faire échouer l'admission de M. Loustalot. Quand il s'agit d'une grande cause, un succès isolé peut avoir d'immenses résultats, aujourd'hui surtout que de grands hommes cherchent à donner au peuple la place qui lui appartient ; nous ne sommes plus au temps, de triste mémoire, où la société était partagée en deux classes : des seigneurs et des vassaux.

Quand nos mœurs et nos institutions ouvrent la voie des honneurs et de la fortune aux hautes capacités, quel que soit d'ailleurs le rang où elles prirent naissance, je ne comprendrais pas pourquoi nous répudierions les qualités qui constituent le bon citoyen. Comme le génie et le talent, les vertus sont un don admirable du Ciel ; mais honorer les uns sans honorer les autres, serait fouler aux pieds les lois de la raison et de la morale. Une haute intelligence peut porter la perturbation dans les intérêts de la société, tandis que l'honneur et la probité les soutiennent toujours.

COUPLETS

IMPROVISÉS A L'OCCASION D'UNE RÉUNION

PROVOQUÉE PAR M. LE MAIRE DE SARRANCE,

QUI SUT ÉCHAPPER ADROITEMENT AUX FRAIS QU'ELLE AVAIT OCCASIONNÉS.

Amis, chantons en chœur
Le maire de Sarrance ;
C'est un joyeux viveur,
Il aime la bombance,
Pourvu, songez-y bien,
Qu'il ne débourse rien.

J'aime à le voir, morbleu !
Quand le bon vin abonde,
Rendre grâces à Dieu
De l'avoir mis au monde,
Pourvu, songez-y bien,
Qu'il ne débourse rien.

Vient-il vous convier
Aux plaisirs d'une noce,
Il vous faudra payer
Le poisson et la sauce!
Amis, songez-y bien,
Il ne fait rien pour rien.

Vous offre-t-il parfois
Un verre d'ambroisie,
C'est pour en avoir trois :
Admirez son génie.
Amis, remarquez bien
Qu'il ne fait rien pour rien.

Que cet amphitryon,
Dans un jour de goguette,
Par procuration,
Acquitte notre dette :
Il faut dès aujourd'hui
Qu'il soit grand malgré lui.

On dit — est-ce une erreur? —
Que l'argent qu'il manie,
Sous son pouce enchanteur,
Soudain se multiplie.
Amis, quoi qu'il en soit,
Malheur à qui lui doit!

Il va laisser, dit-on,
L'écharpe tricolore ;
Adjurez tous Canton
De la reprendre encore :

Amis, lui du moins sait
Fouiller dans son gousset.

A Mlle D...

ESPRIT, vertu, beauté, voilà ton apanage :
Le Ciel, en te créant, épuisa sa bonté,
Et s'il fit un oubli dans son sublime ouvrage,
Ce fut en te privant de l'immortalité.

FIN.

UNE VÉRIFICATION

DANS

UNE RECETTE A CHEVAL.

Vers la fin de 1843, par une de ces belles journées d'hiver que le prolétaire et l'indigent saluent avec bonheur, M. S..., contrôleur ambulant des contributions indirectes, arrivait dans la jolie vallée de..., Basses–Alpes. Il venait vérifier ce point de sa division, qui était devenu sa tournée de prédilection, soit parce que le personnel qui en dirigeait le service avait acquis des titres à son bienveillant intérêt, soit parce que, possédant au suprême degré l'amour du beau, il trouvait dans ce coin de terre un délassement aux fatigues de sa vie nomade. En effet, située entre une double galerie de montagnes que la main de Dieu a symétriquement placées, et aux pieds desquelles de nombreux mamelons couronnés de chênes ou sillonnés d'accidents, forment un charmant amphithéâtre, la vallée de..., que les neiges n'avaient pas encore dérobée aux regards des habitants, se trouve délicieusement encadrée, et provoque, par sa variété poétique, l'enthousiasme de l'observateur.

L'arrivée de M. S... ne tarda point à être connue. D'ordinaire, la présence d'un vérificateur est un sujet de crainte ou de sollicitude, même pour des employés infiniment zélés. Cette fois cependant, il n'en fut pas ainsi. M. S... était un de ces hommes que le Ciel s'est plu à douer d'un caractère éminemment généreux. L'urbanité de son commerce, la bienveillance de son cœur, la noblesse de ses manières, tout enfin le faisait chérir de ses subordonnés. Aussi, les employés dont il venait vérifier le service s'empressèrent-ils de lui rendre visite. La plus franche cordialité fit tous les frais de la réception. Dégagée de la politesse froide et de la contrainte pénible qui président ordinairement à l'entrevue d'un chef d'administration avec ses subalternes, la causerie porta le cachet de cet aimable abandon que l'analogie de principes établit quelquefois en dépit des exigences hiérarchiques.

Les diverses branches du service ayant tout naturellement attiré l'attention de M. S..., dont le dévoûment à ses devoirs ne pouvait être révoqué en doute, il questionna avec bonté le receveur à cheval sur la situation des recouvrements.

« Monsieur, répondit celui-ci, je verse l'intégralité de mes recettes; mais, ainsi que vous le verrez par les quittances non détachées de mon livre de caisse, je suis en avance de 600 fr. Je doute fort, ajouta le comptable avec un embarras que sa voix émue trahissait, de pouvoir réaliser ce recouvrement; là misère est grande..., les travaux chôment..., les céréales sont à un prix tellement élevé, que la classe laborieuse peut à peine acheter du maïs; et, pour surcroît de malheur, l'hiver, cette saison qui fait les délices du riche et le désespoir du pauvre, menace d'aggraver cet état de choses; en un mot, monsieur le contrôleur, je ne sais à quel saint me vouer pour...

— Je comprends..., repartit vivement M. S..., que la position difficile du pauvre receveur avait ému; vous êtes en présence de grandes difficultés, raison de plus pour ne pas perdre un instant. Allez voir les débitants qui vous doivent, et venez me rendre compte de l'issue de vos tentatives. Pauvres gens, ajouta-t-il tout bas, avec un accent de douce pitié, s'ils n'ont pas de pain, comment pourront-ils se libérer? »

Le lendemain, à neuf heures du matin, les restes à recouvrer n'étant que de 255 fr., le comptable s'empressa d'annoncer à M. S... la fructuosité de ses démarches.

« Sans doute, dit M. le contrôleur, ce résultat ressemble à un succès; mais comment allez-vous faire pour combler le déficit de 255 fr.? Le tableau que vous me fîtes hier de la misère de la vallée, vous enlève le droit de compter sur l'exactitude de vos débiteurs; prenez garde ! ! !

— Je dois, répondit le receveur, toucher cette somme aujourd'hui. »

Malheureusement, il n'en fut pas ainsi; les débitants en retard ne se présentèrent pas.

Immédiatement après ce colloque, M. S... se rendit chez le receveur ; il fit l'appel de sa comptabilité, vérifia sa caisse, et parut très satisfait de sa gestion.

Le lendemain, 26 décembre, une voiture se dirigeait sur..., et transportait M. S... et les employés dont il venait de vérifier le service; malgré tous les efforts qu'il faisait pour paraître gai, le receveur portait dans tous ses traits l'empreinte de noirs soucis : il est si difficile à la douleur d'emprunter le sourire de la joie ! Dès leur arrivée dans cette ville, ces messieurs se rendirent chez M. le directeur, homme essentiellement bon et infiniment spirituel. Après quelques minutes d'entretien avec cet employé supérieur, M. S... prit congé de lui, et, s'approchant du receveur dont la préoccupation l'avait visiblement attendri, il lui dit tout bas : « Dès que l'appel de votre comptabilité sera fait, venez me voir ; j'ai à vous parler. » Deux heures après, un homme, porteur d'un sac de 2,800 fr. sortait de l'hôtel L... et se dirigeait vers la recette des finances. A son allure dégagée, à la rapidité de ses pas, à l'expression de joie qui brillait dans ses yeux, on eût dit un riche héritier de fraîche date. C'était tout bonnement notre pauvre receveur, qui, grâce à la bonté de M. S..., allait effectuer son versement de fin d'année, heureux d'avoir trouvé dans la bienveillance de ce digne chef un terme à l'embarras que son dévoûment aux intérêts du trésor lui avait suscité.

Sans doute nous pourrions dire où est maintenant M. S...; mais il y a une réserve dont on ne pourrait s'écarter sans blesser ces sentiments qui ont leur pudeur comme tous les instincts qui viennent du ciel. Souvent on coudoie un homme que l'on regarde à peine, et près duquel on passe sans s'en apercevoir : ainsi le voyageur foule sans y songer une terre dans les entrailles de laquelle sont ensevelis les plus magnifiques trésors de la création; rien à la surface ne décèle le voisinage de ces trésors, seulement l'œil exercé du géologue devine à de légers suintements la présence de la mine. Il n'y a que le cœur du malheureux qui puisse apprendre ce qu'il y a de bon et de bienveillant dans cet homme près duquel vous avez passé avec distraction; mais ce malheureux ose à peine bégayer son nom, il doit renfermer dans son cœur l'expression de sa reconnaissance : il peut bénir en secret l'homme de bien qui a été pour lui comme une providence; mais son culte ne peut être public, car il détruirait le charme que les âmes élevées trouvent dans la pratique de la bienveillance.

G . . . . Y.

TABLE.

	Pages.
L'Araignée du Matin	11
L'Araignée du Soir	14
Élégie sur la mort d'un pigeon	16
Judas	18
Une Grande Dame, ou les huit Péchés Capitaux	19
Un Mari en goguette	23
Chanson bachique, composée à l'occasion d'un repas donné par MM. les membres du cercle de Bedous	25
Couplets de Table, chantés dans un repas donné par M. F. C., sous-inspecteur des douanes à Bedous	27
O temps ! ô mœurs !	28
Paroles d'un Mourant	30
A Irma	32
Les Ruines de Grammont	33
Élégie sur la mort de M.me E., née D.	35
Couplets composés à l'occasion d'une souscription en faveur de la Pologne	38
Cantique	39
Au Turon de M. Garnot de Laclède	40
M. Tartufe	42
Couplets composés pour la fête de M. L., notaire à Bedous,	44
Un Electeur Municipal à ses collègues de Bedous	46
Aux Electeurs Municipaux de Bedous qui ont trafiqué de leur voix	49
Compte-rendu au sieur Loustalot sur sa présentation au cercle de Bedous en qualité de classificateur de journaux	52
A M. le président du cercle de Bedous	55
Couplets improvisés à l'occasion d'une réunion provoquée par M. le maire de Sarrance	60
A M.lle D.	62

www.ingramcontent.com/pod-product-compliance
Lightning Source LLC
Chambersburg PA
CBHW070855210326
41521CB00010B/1937